**ANDRZEJ MOSZCZYŃSKI** jest autorem 23 książek, 34 wykładów oraz 3 kursów. Pasjonuje go zdobywanie wiedzy z obszaru psychologii osobowości i psychologii pozytywnej.

Ponad 700 razy wystąpił jako prelegent podczas seminariów, konferencji czy kongresów mających charakter społeczny i charytatywny.

Regularnie się dokształca i korzysta ze szkoleń takich organizacji edukacyjnych jak: Harvard Business Review, Ernst & Young, Gallup Institute, PwC.

Jego zainteresowania obejmują następujące tematy: potencjał człowieka, poczucie własnej wartości, szczęście, kluczowe cechy osobowości, w tym między innymi odwaga, wytrwałość, wnikliwość, entuzjazm, wiara w siebie, realizm. Obszar jego zainteresowań stanowią również umiejętności wspierające bycie zadowolonym człowiekiem, między innymi: uczenie się, wyznaczanie celów, planowanie, asertywność, podejmowanie decyzji, inicjatywa, priorytety. Zajmuje się też czynnikami wpływającymi na dobre relacje między ludźmi (należą do nich np. miłość, motywacja, pozytywna postawa, wewnętrzny spokój, zaufanie, mądrość).

Od ponad 30 lat jest przedsiębiorcą. W latach dziewięćdziesiątych był przez dziesięć lat prezesem spółki działającej w branży reklamowej i obejmującej zasięgiem cały kraj. Od 2005 r. do 2015 r. był prezesem spółki inwestycyjnej, która komercjalizowała biurowce, hotele, osiedla mieszkaniowe, galerie handlowe.

W latach 2009-2018 był akcjonariuszem strategicznym oraz przewodniczącym rady nadzorczej fabryki urządzeń okrętowych Expom SA. W 2014 r. utworzył w USA spółkę wydawniczą. Od 2019 r. skupia się przede wszystkim na jej rozwoju.

*Inaczej o dobrym i mądrym życiu* to książka o umiejętności stosowania strategii osiągania wartościowych celów. Autor opisuje 22 aspekty, które prowadzą do bycia mądrym. W jakim znaczeniu mądrym?

Mądry człowiek jest skupiony na działaniu ukierunkowanym na podnoszenie jakości życia, zarówno swojego, jak i innych. O tym jest ta książka: o byciu szczęśliwym, o poznaniu siebie, by zajmować się tym, w czym mamy największy potencjał, o rozwinięciu poczucia własnej wartości, które jest podstawowym czynnikiem utrzymywania dobrych relacji z samym sobą i innymi ludźmi, o byciu odważnym, wytrwałym, wnikliwym, entuzjastycznym, posiadającym optymalną wiarę w siebie, a także o byciu realistą.

Mądrość to umiejętność czynienia tego, co szlachetne. Z takiego podejścia rodzą się następujące czyny: nie osądzamy, jesteśmy tolerancyjni, życzliwi, pokorni, skromni, umiejący przebaczać. Mądry człowiek to osoba asertywna, wyznaczająca sobie pozytywne cele, ustalająca priorytety, planująca swoje działania, podejmująca decyzje i przyjmująca za nie odpowiedzialność. Mądrość to też zaufanie do siebie i innych, bycie zmotywowanym i posiadającym jasne wartości nadrzędne (do których najczęściej należą: miłość, szczęście, dobro, prawda, wolność).

Autor książki opisuje proces budowania mentalności bycia mądrym. Wszechobecna indoktrynacja jest przeszkodą na tej drodze. Jeśli jakaś grupa nie uczy tolerancji, przekazuje fałszywy obraz bycia zadowolonym człowiekiem, to czy można mówić o uczeniu się mądrości? Zdaniem autora potrzebujemy mądrości niemal jak powietrza czy czystej wody. W tej książce będziesz wielokrotnie zachęcany do bycia mądrym, co w rezultacie prowadzi też do bycia szczęśliwym i spełnionym.

## Szczegóły dostępne na stronie:
www.andrewmoszczynski.com

Andrzej Moszczyński

# Inaczej o wartościach

2021

© Andrzej Moszczyński, 2021

Korekta oraz skład i łamanie:
Wydawnictwo Online
www.wydawnictwo-online.pl

Projekt okładki:
Mateusz Rossowiecki

Wydanie I

ISBN 978-83-65873-07-1

Wydawca:

**ANDREW MOSZCZYNSKI**
INSTITUTE

Andrew Moszczynski Institute LLC
1521 Concord Pike STE 303
Wilmington, DE 19803, USA
www.andrewmoszczynski.com

Licencja na Polskę:
Andrew Moszczynski Group sp. z o.o.
ul. Grunwaldzka 472
80-309 Gdańsk
www.andrewmoszczynskigroup.com

Licencję wyłączną na Polskę ma Andrew Moszczynski Group sp. z o.o. Objęta jest nią cała działalność wydawnicza i szkoleniowa Andrew Moszczynski Institute. Bez pisemnego zezwolenia Andrew Moszczynski Group sp. z o.o. zabrania się kopiowania i rozpowszechniania w jakiejkolwiek formie tekstów, elementów graficznych, materiałów szkoleniowych oraz autorskich pomysłów sygnowanych znakiem firmowym Andrew Moszczynski Group.

*Ukochanej Żonie
Marioli*

# SPIS TREŚCI

| | |
|---|---:|
| Wstęp | 9 |
| Rozdział 1. Czym są wartości? | 11 |
| Rozdział 2. Cechy, które budzą się pod wpływem wartości nadrzędnych | 17 |
| Rozdział 3. Dlaczego powinniśmy rozpoznać i ustalić wartości nadrzędne? | 23 |
| Rozdział 4. Źródła wartości | 29 |
| Rozdział 5. Wybór wartości nadrzędnych i ich wpływ na nasze życie | 33 |
| Rozdział 6. Niewidomy zdobywca | 43 |
| Co możesz zapamiętać? | 53 |
| Bibliografia | 55 |
| O autorze | 71 |
| Opinie o książce | 77 |

Dodatek. Cytaty, które pomagały
autorowi napisać tę książkę     81

# Wstęp

Dojrzała osobowość – tylko taka pozwoli nam żyć pełnią życia, da poczucie spełnienia i pewności. Gdy nie czujesz się dobrze z samym sobą, powinieneś coś zmienić, zmienić siebie, wzbogacić i wzmocnić swoją osobowość. Najpierw rozpoznajesz swój potencjał, dowiadujesz się, jakie są Twoje mocne i słabe strony, poznajesz siebie jako człowieka, który może się rozwijać. Dzięki tej świadomości, dzięki spojrzeniu na siebie z dystansu, stabilizujesz myślenie o sobie i zdajesz sobie sprawę, jaki jesteś naprawdę. To bardzo ważny moment, bo tylko człowiek, który zna swoją wartość, ma dobre i trwałe podłoże do budowania osobowości. I dopiero na takim stabilnym podłożu można postawić fundament pod dojrzałą osobowość i odpowiednio go wzmocnić. Co jest takim fundamentem? Wartości nadrzędne, które każdy człowiek powinien wybrać i niezmiennie kierować się nimi w życiu. To one są jak stalowa konstrukcja wysokiej jakości, która tworzy trwały fundament. Właśnie o wartościach jest ta książka.

☼

# Rozdział 1

# Czym są wartości?

Wartości to najprościej mówiąc wszystko, co uznajemy w życiu za ważne, bardzo ważne i najważniejsze dla nas samych. W pojęciu tym mieści się wszystko, co cenne i godne pożądania, wszystko, co stanowi cel dążeń człowieka.

Za wartościowe uważa się to, co zaspokaja potrzeby, a zarazem daje satysfakcję. Myśliciele od wieków toczą dyskusje na temat tego, w jaki sposób istnieją wartości. Obiektywiści twierdzą, że są one od nas niezależne, ale potrafimy je rozpoznać. Dzięki temu, na przykład, za piękne uważamy stworzone przed wiekami dzieła sztuki, ponieważ umiemy dostrzec w nich harmonię niezależnie od mody czy naszego wykształcenia. Subiektywiści uzależniają wartość od jednostki – to ona decyduje, co jest dla niej ważne, dobre lub piękne. Współcześnie niezwykle popularne jest stanowisko relatywistyczne, które uzależnia budowanie własnego systemu wartości od szeregu czynników, takich jak: środowisko, tradycja, religia, wykształcenie, moda, a nawet szerokość geograficzna, w jakiej żyjemy.

Wartości tworzą system koncentryczny, w środku którego mieści się wartość centralna: nadwartość. Wokół niej, niejako w orbicie, znajdują się wartości ważne, bardzo ważne, ale nie najważniejsze. Często posiadamy więcej niż jedną nadwartość.

Wartość nadrzędna oznacza coś, co jest dla nas najważniejsze, za co gotowi jesteśmy nawet oddać życie. Jest to prawda, w którą wierzymy tak mocno, że zdolni jesteśmy do wszelkich poświęceń i ofiarności, aby ją utrzymać.

Wartości nadrzędne stanowią siłę, która wzbudza w nas żarliwość, gorliwość i skłania do wzmożonej aktywności.

W starożytności myśliciele za wartość najwyższą uznawali Dobro. Dla Platona była to Idea Dobra, najdoskonalsza ze wszystkich idei, dla cyników i stoików – Cnota. Arystoteles uważał, że Dobro najwyższe jest celem, do którego dążymy, podporządkowując mu wszystkie cele pośrednie.

Każdy z nas, stosując pewne kryteria wyboru, tworzy swój indywidualny i autonomiczny system wartości z kanonem wartości naczelnych (mam tu na myśli wartości moralne). Nasz indywidualny system budują normy, oceny moralne i wzorce osobowe. Normy moralne to zasady, jakimi w życiu się kierujemy, najczęściej formułowane w formie nakazów lub zakazów. Złamanie takiej reguły pociąga za sobą sankcje, na przykład wyrzuty sumienia czy dezaprobatę otoczenia. Normy moralne mogą przybierać charakter kategoryczny, na przykład: „nie zabijaj", lub hipotetyczny, kiedy nasze zachowanie przybliża nas do wyznaczonego celu, na przykład: „jeśli będziesz szanował ludzi, oni także okażą ci szacunek". Jeżeli norma nie dopuszcza żadnych wyjątków, uznajemy ją za bezwzględną, charakter względny ma ona wtedy, kiedy istnieją okoliczności, w których dopuszczamy jej złamanie.

Niektórzy etycy wyodrębniają także normy uniwersalne, obowiązujące zawsze i wszędzie.

Ocenom moralnym poddawani są ludzie, ich intencje, zachowania oraz skutki tych zachowań. Średniowieczny francuski myśliciel Piotr Abelard uważał, iż jedynie Bóg może oceniać postępowanie ludzi, bo tylko On zna ich prawdziwe intencje. Ludzie zazwyczaj skupiają się na skutkach czyjegoś zachowania.

Wzory osobowe to uznawane przez nas autorytety, ludzie, których podziwiamy za to, że żyją zgodnie z wartościami etycznymi, które są dla nich ważne. Właśnie ta konsekwencja budzi podziw i zachęca do naśladowania. Takie wzory istnieją we wszystkich kulturach.

Określając swój indywidualny system wartości, często nieświadomie i bezrefleksyjnie przyjmujemy normy społecznie aprobowane czy pożądane przez ogół, ale niekoniecznie zgodne z naszymi przekonaniami. Rodzina, rozwój zawodowy czy zdrowie to wartości, z którymi chętnie się afiszujemy; są jak górnolotne hasła wypisane na sztandarach. Nie wszyscy jednak, mimo deklaracji, realizują je. Ilu z nas świadomie dba o swoje zdrowie, świadomie prowadzi zdrowy styl życia, stosuje profilaktykę, regularnie się bada i tak dalej? Raczej niewielu, ale większość właśnie zdrowie uważa za najważniejsze. Dla wielu osób zdrowie to wartość tylko deklarowana, martwa, niekierująca ich życiowymi wyborami. Mówią o zdrowiu, bo „tak wypada".

Czasem presja społeczna czy stereotypy nie pozwalają nam przyznać się samym przed sobą, że założenie rodziny czy wstąpienie w związek małżeński nie są dla nas ważne. Ktoś może cenić sobie wyżej wartość życia w pojedynkę i bynajmniej nie z egoizmu czy wygody, tylko ze względu na świadome rozpoznanie swojego powołania.

Dlatego tak ważne jest, aby przy określaniu osobistej struktury wartości być szczerym wobec samego siebie. Nie kierować się społecznym dowodem słuszności, tylko świadomie i autonomicznie **podjąć decyzję**. Człowiek musi być przekonany, że rzeczywiście chce kierować się daną wartością w każdej chwili swojego życia.

Jeśli na przykład świadomie postanowimy coś w naszym życiu zmienić, podświadomość może uruchomić w nas procesy, które będą nas skłaniały do realizacji określonych celów.

Cechy, które możemy w sobie obudzić dzięki ingerencji podświadomości, są niczym grono asystentów oddanych do naszej dyspozycji. Mają nam pomagać w osiągnięciu celów wyznaczonych w oparciu o obrane przez nas wartości.

Te uruchomione przez podświadomość cechy osobowości są jak baśniowy dżin z lampy Aladyna, który pojawia się na każde wezwanie i jest gotowy spełniać wszelkie nasze marzenia. Stanowią potężną siłę zdolną wykonać niemal każde zadanie. Bądźmy jednak ostrożni, bo siła ta może się ujawnić w realizacji także bardzo destrukcyjnego zamierzenia. W tej książce zastanawiać się będziemy nad pozytywnym aspektem działania wartości nadrzędnych i ich roli w osiąganiu właściwych celów.

☼

# Rozdział 2

# Cechy, które budzą się pod wpływem wartości nadrzędnych

Moje doświadczenia oraz obserwacje przekonały mnie, że jeśli uznamy określoną wartość za ważną w naszym życiu, to dzieje się coś pozytywnego w naszych umysłach. Co takiego się dzieje?

Otóż wartości nadrzędne stają się impulsem, pod którego wpływem uruchamiają się wyjątkowe cechy, do tej pory uśpione; dzięki nim odnajdujemy w sobie moc, by być lepszymi dla siebie i innych, by działać i zmieniać się. Oto te wartości:
- **odwaga**, czyli śmiała i świadoma postawa polegająca na wypowiadaniu się i postępowaniu zgodnie z własnymi przekonaniami bez względu na konsekwencje; jest to przy-

miot, który likwiduje obawy między innymi przed podejmowaniem niezbyt popularnych działań;
- **wytrwałość**, czyli konsekwentne zmierzanie do postawionego celu; jest to bardzo ważna cecha, która dużo bardziej pomaga w realizacji zamierzeń niż na przykład inteligencja;
- **determinacja**, czyli zdecydowane dążenie do osiągnięcia celu bez względu na trudności; determinacja stanowi potężną siłę pozwalającą pracować ciężko i bez wytchnienia – taka praca nie zmęczy, a może stać się prawdziwą pasją;
- **entuzjazm**, czyli zaangażowanie i gotowość do działania połączone z radością wynikającą z osiągania zamierzonych celów;
- **optymizm**, czyli skłonność do dostrzegania we wszystkim dobrych stron i wiara w pomyślny rozwój wydarzeń;
- **wiara we własne możliwości** (może wydawać się nieracjonalna) polega na silnym wewnętrznym przekonaniu, że zdołamy osiągnąć zamierzony cel; w chwili ustalenia nadrzęd-

nych wartości nasza podświadomość rozpocznie poszukiwania możliwych rozwiązań, a efektem tej pracy będą gotowe obrazy ukazujące sposoby osiągnięcia celu i silna wiara w realność starań i we własne możliwości;
- **dyscyplina wewnętrzna**, czyli narzucanie samemu sobie rygorystycznych reguł postępowania i podporządkowanie się im; w ludziach silnie umotywowanych wewnętrznie dyscyplina budzi się samoistnie i uruchamia się proces nauki kontrolowania własnych myśli;
- **pokora**, czyli świadomość własnej niedoskonałości polegająca na przykład na umiejętności przyznawania się do błędów; pokora objawia się brakiem pychy, co jest oznaką siły, a nie słabości – obiektywna ocena samego siebie i szczere przyznanie się do błędów wymagają ogromnej odwagi;
- **panowanie nad sobą**, czyli umiejętność kontrolowania swoich myśli, odczuć, odruchów i zachowań; nawet typowi cholerycy, gdy ustalą swoje nadrzędne wartości, nauczą się

panować nad sobą, choć oczywiście nie stanie się to w ciągu kilku dni – czasem przemiana ta zajmuje miesiące lub lata;
- **cierpliwość**, czyli umiejętność wytrwałego czekania i znoszenia ze spokojem przeciwności;
- **gotowość do okazywania miłości** rozumiana jako ciepło i pozytywna energia odczuwana wewnątrz nas, emanująca z nas i promieniująca na innych;
- **łagodność**, czyli dobroć i wyrozumiałość, które mogą iść w parze z miłością; łagodność objawia się w kontakcie z innymi poprzez gesty, intonację głosu, dobór słów, zachowanie, które otoczenie odbiera jako okazywanie szacunku – łagodność jest wynikiem życzliwego nastawienia wobec innych.

Kiedy wyzwolimy w sobie te dwanaście przymiotów, zaczną one harmonijnie ze sobą współpracować i tworzyć zarys silnego charakteru. Im szybciej odkryjemy, co jest dla nas w życiu najważniejsze, tym prędzej wprawimy w ruch te wspaniałe cechy.

Być może zastanawiasz się, czy zawsze jest tak, że wybór określonych wartości rodzi czy też budzi wyżej opisane przymioty.

Niestety, nie zawsze tak jest i wynika to z różnych przyczyn. Opisane wyżej doświadczenia z działaniem podświadomości dotyczą mojego życia i ludzi, z którymi miałem i mam możliwość współpracować. Czy zadziała to również w Twoim przypadku? Zachęcam Cię abyś sam tego doświadczył ☺.

☼

# Rozdział 3

# Dlaczego powinniśmy rozpoznać i ustalić wartości nadrzędne?

Zauważ, że spośród żyjących stworzeń tylko ludzie posiadają wartości i zastanawiają się nad tym, jak osiągnąć szczęście. Spoczywa na nas duża odpowiedzialność, ale jeśli mamy tę wyjątkową możliwość, powinniśmy z niej korzystać i zastanawiać się, co jest dla nas ważne. Wartości są bowiem kluczem do pomyślnej realizacji wszelkich zamierzeń i osobistego poczucia szczęścia. Autonomiczna, indywidualna struktura wartości ma formę koncentryczną, co znaczy, że w jej centrum znajduje się najważniejsza z nich – wartość nadrzędna, zaś pozostałe ułożone są niejako na jej orbicie i pełnią funkcję drugoplanową. Warunkiem szczęścia w życiu jest właściwe rozpoznanie i ustalenie wartości nadrzędnej, bez niej skazujemy się na niespełnienie.

Nie wiedząc bowiem, co jest dla nas teraz najważniejsze, staramy się realizować kilka wartości naraz z tym samym zaangażowaniem. A w życiu bardzo rzadko bywają momenty, gdy możemy w tym samym stopniu spełniać się w pracy, miłości i jednocześnie zadbać o zdrowie. Najczęściej musimy wybierać: jeśli poświęcimy się pracy, nie zawsze będziemy mieli czas na miłość czy prowadzenie zdrowego trybu życia. Wiedząc, co jest dla nas najważniejsze, łatwiej nam będzie ustalać priorytety, wartości nadrzędnej podporządkowując pozostałe.

Współcześnie ludzie często żyją w iluzji, że nie muszą wybierać pomiędzy tym, co ważne, a tym, co najważniejsze, nie chcą „ograniczać się" do jednej tylko wartości nadrzędnej. Ulegając konsumpcyjnemu stylowi życia, nie chcą z niczego rezygnować i uważają, że muszą mieć wszystko. Taki sposób myślenia jest typowy dla tych, którzy skupiają się na wartościach materialnych, wierzą tylko w to, co widzą. Media pokazują uśmiechnięte twarze aktorów, polityków, biznesmenów. Oczywiście wszyscy oni mają piękne domy, samochody, modne ubrania, mnóstwo pieniędzy. Jednak jeśli uważnie przyjrzymy się życiu tych „wybrańców", dostrzeżemy, że często są to osoby głęboko nieszczęśliwe. Pytamy wówczas: „Jak to możliwe? Przecież mają wszystko! Mają wszystko to, czego ja pragnę i są nieszczęśliwi? W rzeczywistości tak zwani ludzie sukcesu, którzy wartościami nadrzędnymi uczynili dobra materialne, skazują się na życie bez radości, bez spełnienia. Życie nabiera sensu i daje nam szczęście, jeśli nasze wartości nadrzędne dotyczą kategorii „być", a nie „mieć", i są ukierunkowane na coś lub kogoś poza nami samymi. Dobro, miłość, uczciwość, prawda, wolność – te wartości nadrzędne mogą nas uczynić spełnionymi i szczęśliwymi.

Ludzie kierujący się niematerialnymi wartościami nadrzędnymi nie mają potrzeby zaistnienia w sferze materialnej, społecznej („mam i jestem znany"), nie potrzebują rozgłosu i dlatego mogą nie być powszechnie znani, ale są wokół nas. Wystarczy tylko uważniej patrzeć.

Takim człowiekiem może być sąsiad czy kolega z pracy, który potrafi łączyć różne sfery swojego życia w harmonijną całość. Takie osoby, wyznaczając cele, biorą pod uwagę swoje ograniczenia. Ponieważ określili swoje wartości nadrzędne poza materią, nie stawiają spraw na ostrzu noża, nie są zachłanni, nie muszą mieć wszystkiego natychmiast. Wiedzą, że muszą znaleźć czas na rodzinę, wychowanie dzieci, budowanie trwałych i satysfakcjonujących relacji ze współmałżonkiem. Mają świadomość, jak ważne jest, by służyć, dawać, kochać, dlatego w ich myślach zakodowane jest traktowanie swoich celów jako sposobności do budowania pozytywnych relacji z innymi ludźmi. Tego typu osoby nikogo nie wykorzystują, doceniają i szanują potrzeby innych ludzi, zauważają u nich przymioty, które im samym mogą pomóc w osiąganiu celów.

Niezwykle ważne jest wyrobienie w sobie nawyku myślenia przez pryzmat „doceniam to, co mam". Skupiajmy się na byciu, nie na posiadaniu. Jest to jedna z lepszych rzeczy, jakie możemy dla siebie zrobić. W ten sposób będziemy mogli nieprzerwanie cieszyć się każdą chwilą i obdarowywać tą radością innych. Poczujemy satysfakcję i spełnienie, zyskamy pewność, że jesteśmy na dobrej drodze i że nasze życie ma sens. Jeśli będziemy świadomi swojego wewnętrznego bogactwa, łatwiej pozbędziemy się leków i wątpliwości, będziemy wiedzieli, że wszystko, co robimy, jest słuszne.

Każdą porażkę potraktujemy jak źródło informacji i oceny swoich dotychczasowych działań, co pozwoli nam zweryfikować błędne założenia i naprawić niewłaściwe posunięcia.

☼

# Rozdział 4

# Źródła wartości

System wartości każdego człowieka wywodzi się z kilku źródeł. Kształtują go: środowisko, w jakim się wychowujemy, tradycja, kultura, religia, wykształcenie, autorytety, doświadczenia, osobiste predyspozycje psychologiczne, moda, a nawet epoka, w jakiej żyjemy, czy szerokość geograficzna. Jednym z ważniejszych jest rodzina: matka, ojciec, dziadkowie i inne ważne osoby z najbliższego otoczenia. Wpojenie odpowiednich zasad wymaga świadomej i ciężkiej pracy w procesie wychowania. Kolejnym źródłem wartości jest kontakt z rówieśnikami i innymi grupami. W tym wypadku podstawą asymilacji wartości jest socjalizacja. W wyniku tych dwóch procesów, wychowania i socjalizacji, tworzymy system wartości zapożyczonych niejako od innych. Wówczas ważne jest dla nas to, co jest ważne dla rodziców lub kolegów, przyjaciół czy znajomych z pracy. Ostatecznym źródłem wartości pozwalających na stworzenie autonomicznego indywidualnego systemu jest aktywność własna jednostki. Na bazie własnych doświadczeń, wiedzy i refleksji weryfikujemy zapożyczony system i tworzymy swój własny, który jednak może zawierać wartości wyznawane przez rodziców i przyjaciół. My jednak akceptujemy je dlatego, że z osobistej perspektywy uważamy je za ważne i uważalibyśmy tak nawet, gdyby nie były wyznawane przez naszych rodziców.

Gdy nie mamy autonomicznego, indywidualnego systemu wartości i pozostajemy na poziomie wyznawania wartości preferowanych przez innych, nasz rozwój zostaje zahamowany. Stajemy się wówczas osobami zewnętrznie sterowanymi, czyli sterowanymi przez wartości innych ludzi. Uznajemy wówczas za wartościowe to, co uznają inni, nie weryfikując, czy są to wartości ważne także dla nas. Zewnętrzne sterowanie determinuje negatywnie nasze funkcjonowanie.

Nie planujemy swojego życia, nie wyznaczamy celów, żyjemy z dnia na dzień, mając poczucie, że naszym losem kieruje bliżej nieokreślona siła, a nie my sami. Nie wiedząc, co jest dla nas najważniejsze, stajemy się nieświadomie wykonawcami cudzych celów i pozostajemy bierni we własnym życiu. Uważamy, że od nas nic nie zależy, poddajemy się więc prądowi życia, który znosi nas na mieliznę rozwoju. Nawet jeśli mamy pragnienia, nie stają się one naszymi celami, bo nie wierzymy, że ich osiągnięcie zależy od nas samych. Stajemy się coraz bardziej sfrustrowani, nieusatysfakcjonowani, a ostatecznie nieszczęśliwi. Ale nawet będąc w takim stanie, osoby zewnętrznie sterowane nie starają się wziąć odpowiedzialności za swoje życie i czegoś w nim świadomie zmienić; przerzucają winę na innych ludzi, na system polityczny, ekonomiczny, a nawet na Boga i w poczuciu krzywdy pozostają nadal bierni.

☼

# Rozdział 5

# Wybór wartości nadrzędnych i ich wpływ na nasze życie

Hierarchia zamieszczonych poniżej wartości jest sprawą subiektywną. Prezentuję je wedle mojego indywidualnego przywiązania do każdej z nich. Każdy jednak powinien sam decydować, która wartość jest dla niego najważniejsza.

Wartości, które mogą stać się drogowskazami:
- **duchowość (Bóg)**;
- **rodzina**;
- **miłość**;
- **szczęście**;
- **prawda**;
- **wolność**;
- **zdrowie**, czyli prowadzenie higienicznego stylu życia i dbanie o własny organizm;
- **prostolinijność**, czyli prowadzenie prostego,

wolnego od komplikacji życia, oparcie się na wartościach duchowych, a nie materialnych – prostolinijność rodzi wyciszenie i spokój wewnętrzny;

- **wiedza** – jej zdobywanie i pogłębianie w różnych dziedzinach;
- **praca dająca satysfakcję** – ważne jest, by wybierać zajęcia odpowiadające naszym silnym stronom, wtedy praca staje się także pasją, przy okazji pomagając uzyskać niezależność finansową.

Ludzie obierają sobie także wartości zupełnie innego rodzaju, jak choćby okazywanie wdzięczności czy docenianie otoczenia – ludzi, zwierząt, przedmiotów. Zastanów się, jakie wartości są ważne dla Ciebie – może zupełnie inne niż te, które wymieniłem?

To, jakim wartościom nadrzędnym się podporządkujemy, wpłynie na obraz całego naszego życia. Jeśli za najważniejsze uznasz **szczęście rodzinne**, będziesz szukał sposobów, jak stworzyć szczęśliwą rodzinę, będziesz do tego dążył nawet podświadomie. Doskonale odróżnisz autentyczne potrzeby rodziny od powierzchownych tylko przyjemności. Bez problemu rozpoznasz pragnienia każdego ze swoich bliskich – wnikniesz w osobowość i potrzeby dzieci, współmałżonka, rodziców oraz innych bliskich Ci osób. Dawanie im prawdziwego szczęścia stanie się dla Ciebie ważniejsze niż twoja wygoda.

W ten sposób przestaniesz ograniczać się do zapewnienia rodzinie bytu materialnego i zaspokoisz też ich wewnętrzne, podstawowe potrzeby emocjonalne – bezpieczeństwa i miłości. W pewnej książce przeczytałem taką myśl: „nie poczucie bycia bogatym, a poczucie bycia kochanym sprawia, że życie ma sens".

Bardzo mi się podoba ta myśl ☺.

Naucz się patrzeć na sytuację i siebie samego oczami swoich bliskich. Może być to trudne, ponieważ wymaga zrozumienia mentalności drugiej osoby, poznania jej nawyków, wyuczonych reakcji, ukrytych motywów i intencji.

Ale obierając tę wartość za swój życiowy drogowskaz, na pewno znajdziesz w sobie dość siły i determinacji, by sprostać wyzwaniom. Jeśli obawiasz się, że nie znajdziesz na to czasu, może to oznaczać, że nie pojmujesz znaczenia rodziny jako wartości albo że szczęście rodzinne nie jest dla Ciebie naprawdę ważne. Jeśli obierasz jakąś wartość nadrzędną, działanie w tym kierunku staje się sprawą priorytetową i bezdyskusyjną.

Zastanów się, ile warta jest dla Ciebie Twoja rodzina. W niektórych krajach, na przykład w Tajlandii, dzieci traktuje się jak towar lub tanią siłę roboczą i sprzedaje się je na przykład do domów publicznych.

Oczywiście nie zawsze sytuacja jest tak drastyczna, ale może pod wpływem takich rozważań zastanowisz się, czy nie zaniedbujesz swojej rodziny. Czasem wydaje się, że wszystko jest w porządku, brakuje nam jedynie czasu dla dzieci, ponieważ jesteśmy zajęci zarabianiem pieniędzy na ich utrzymanie. Pamiętajmy jednak, że dzieci potrzebują naszej fizycznej obecności i psychicznego wsparcia bardziej niż kolejnej zabawki, którą kupujemy kierowani poczuciem winy z powodu naszej ciągłej nieobecności w domu.

Ignorowanie potrzeb dzieci może mieć bardzo negatywne konsekwencje. Nie chcemy przecież, aby z powodu niedostatecznego rozwoju osobowości stały się one w przyszłości własnymi lub czyimiś niewolnikami, nieumiejącymi realnie patrzeć na świat. Zastanów się teraz, jak ważne są dla Ciebie Twoje dzieci, żona i reszta rodziny. Jak dobrze ich znasz? Przetestuj sam siebie. Zacznij mówić o pozytywnych cechach swojego współmałżonka. Jeśli będziesz mógł to robić przez 5 minut i każde zdanie będziesz zaczynał od wymienienia kolejnej jego zalety, oznacza to, że naprawdę wiesz, czym jest rodzina jako wartość, wiesz, że stworzyłeś tę rodzinę z kimś, z kim chcesz być. Jeśli jednak po kilku zdaniach wątek się urwie lub zaczniesz wyliczać, jaki Twój współmałżonek nie jest, będzie to znaczyć, że nadszedł czas, by zrewidować myślenie o tym, kim jesteś i dokąd zmierzasz. Rodzina to prawdziwa i głęboka wartość nadająca sens życiu każdego człowieka. Ci, którzy to odkryli, są zwycięzcami, ludźmi spełnionymi. Takie osoby żyją wśród nas, wystarczy tylko wyostrzyć wzrok, bo są to często ludzie skromni. Znam takich ludzi i szczerze ich podziwiam.

Ważną życiową wartością jest **własne szczęście**. Pomyśl, kiedy jesteś prawdziwie szczęśliwy. Czy nie wtedy, kiedy czujesz wokół siebie miłość i zaangażowanie? Będziesz naprawdę szczęśliwy, gdy skupisz się na tym, co masz, zamiast zadręczać się tym, czego nie posiadasz. Ciągłe zamartwianie się niedostatkami w różnych dziedzinach powoduje, że życie staje się smutne, a my sami jesteśmy zestresowani i spięci. Gdy potrafimy czerpać radość z otaczającego świata, nasze życie nabiera barw, a wszelkie negatywne zjawiska doczesnego świata – takie jak: zachłanność, zarozumiałość, pycha, kłamstwo – przestają nas dotykać. Przypomina to odtruwanie organizmu z toksyn. Złe cechy często są tak mocno w nas zakorzenione, że nawet ich nie zauważamy i nie czujemy, że są częścią nas. Aby je sobie uświadomić, musimy przeprowadzić uczciwą, choć czasem bolesną konfrontację z samym sobą. Jednak gdy zaczniemy doceniać to, co dobre w naszym życiu, poczujemy, że to nas uszczęśliwia, uwolnimy psychikę od przygnębiających rozmyślań o wszystkim, co nas ominęło lub czego nie dane było nam posiąść.

Istotną wartością w życiu może stać się zdrowie i dbałość o ciało. Uważamy za oczywiste, że dysponujemy sześcioma zmysłami, dwojgiem rąk i nóg, parą oczu, włosami, zębami. Zadaj sobie jednak pytanie, jaką wartością są dla Ciebie na przykład Twoje oczy? Czy sprzedałbyś je za milion dolarów? Czy można je w ogóle poddać jakiejś wycenie? Czy wiesz, ile zapłaciłby niewidomy człowiek za to, by móc widzieć, choćby tylko w czarno-białych kolorach? Nie wiemy tego, bo większość z nas nigdy nie rozmawiała na ten temat z osobą niewidomą. Może warto to zrobić. Byłoby to naprawdę cenne doświadczenie. Przeprowadziłem kilka takich rozmów, pomogły mi one docenić to, że widzę.

Zamknij oczy na 10 minut i próbuj wykonywać różne czynności. Gdy już je otworzysz, Twój punkt widzenia na różne wyzwania życiowe zmieni się diametralnie. Wczujmy się w sytuację osoby niewidomej lub w inny sposób niepełnosprawnej, a na pewno docenimy wartość sprawnego ciała i umysłu. Sam fakt, że żyjemy, oddychamy i jesteśmy zdrowi, stanowi ogromny powód do radości. Ciało i jego możliwości to nasze aktywa. Gdybyś zaczął to doceniać, może stałoby się to dla Ciebie źródłem szczęścia. Zastanówmy się teraz, co się dzieje, gdy czyjąś nadrzędną wartością staje się zarabianie pieniędzy. Popularne jest powiedzenie, że **pieniądze nie dają szczęścia**. Jednak uważam, że ludzie często wypowiadają je zupełnie bezrefleksyjnie, w istocie bowiem wierzą w coś przeciwnego. Warto zastanowić się głębiej nad tym problemem. Nadmierne zamiłowanie do gromadzenia pieniędzy może ograbić człowieka z radości. Nie należy mylić szczęścia z przyjemnościami, które oczywiście można kupić. Pieniądze powinny być naszym sługą, należy je wykorzystywać w konkretnym celu, na przykład by zaspokoić ważne życiowe potrzeby. Jeśli traktujemy je w inny sposób, możemy stać się ich niewolnikami. Będziemy krzątać się wokół przedmiotów, które kupiliśmy, ale w końcu, w głębi duszy dopadną nas wątpliwości: czy jesteśmy naprawdę szczęśliwi? Zastanów się, czy radość, jaką może dać Ci nawet najnowszy samochód z mocnym silnikiem i nowoczesnym wyposażeniem, nowa sukienka, biżuteria czy telewizor, jest rzeczywiście autentyczna i głęboka?

Nie potępiam w żaden sposób chęci posiadania dobrego auta, ubrań czy sprzętu. Wręcz przeciwnie! Zachęcam bliskie mi osoby do kupowania bezpiecznych samochodów z rozmaitymi systemami wspomagającymi i silnikami o dużej pojemności, które pozwalają bezpiecznie dotrzeć do celu podróży. Uważam jednak, że wobec wszystkich dóbr materialnych należy zachować zdrowy dystans.

Trzeba zrozumieć, że nie są one celem samym w sobie, a jedynie środkiem do osiągnięcia celów ważniejszych – zapewnienia sobie i swojej rodzinie godnego życia. Zdobywanie pieniędzy jest obowiązkiem każdego odpowiedzialnego człowieka. Jednak im więcej ich mamy, tym bardziej się o nie troszczymy i przestajemy być wolni w swoich decyzjach i wyborach.

Drżymy z obawy, że stracimy materialne dobra. Mieć tyle pieniędzy, aby nie martwić się ich brakiem – 30 lat temu miałem taką dewizę życiową w tej dziedzinie. Nadal sądzę, że to podejście jest słuszne.

☼

## Rozdział 6

## Niewidomy zdobywca

Kiedy myślę o wartościach, przychodzi mi na myśl człowiek, który w sposób zdecydowany kieruje się obranymi wartościami nadrzędnymi. Jest niewidomy. Byłem pod wielkim wrażeniem, gdy dowiedziałem się, na czym się koncentruje. Otóż z ogromnym zaangażowaniem szuka wciąż nowych odpowiedzi na pytanie, co może robić, by być szczęśliwym. Obliczył, że jest około 200 takich czynności, a gdyby nie był niewidomy, pula ta zwiększyłaby się jedynie o około 60.

To zaskakujący wniosek, ponieważ zazwyczaj myślimy, że osoby niepełnosprawne skazane są na wiele więcej ograniczeń. Przeciętny, zdrowy człowiek, jeśliby go zapytać, jakie zajęcia czynią go szczęśliwym, opowie nam raczej o tym, czego robić nie może z powodu braku czasu czy pieniędzy – wskaże mnóstwo powodów, dla których czuje się nieszczęśliwy.

Natomiast człowiek, o którym chcę opowiedzieć, myśli zupełnie inaczej, myśli pozytywnie. Chce być szczęśliwy i właśnie szczęście obrał za swoją naczelną życiową wartość. Wyznaczył cele, wyselekcjonował środki, za których pomocą może je osiągnąć, i zaczął działać. Jednym z jego marzeń stało się podróżowanie, postanowił odwiedzić wszystkie kontynenty. Nie widzi, ale uznał, że także pozostałymi zmysłami może poczuć pełnię życia i poznać świat. Gruntownie przygotowuje się do każdej podróży, czyta o danym kraju, jego klimacie, przyrodzie, historii, architekturze, kulturze, by móc jak najlepiej wczuć się w jego specyfikę. Skąd bierze pieniądze na te kosztowne przecież wyprawy? I tu kolejny dowód na to, że jeśli się chce, można osiągnąć wiele. Otóż człowiek ten jest cenionym specjalistą i nie narzeka na brak klientów. Jest niezwykle pracowity, sumienny i rzetelny, w pracy daje z siebie wszystko. Kwalifikacje zawodowe zdobywał, gdy był już niewidomy. Miał plan i zrealizował go mimo rozlicznych przeszkód, jakie życie stawiało mu drodze. Dzisiaj obsługuje kilkanaście znaczących firm. Można powiedzieć, że jest spełniony, bo **ma nadrzędną wartość, którą jest bycie szczęśliwym w każdej sekundzie życia**.

Zapytany, jak do tego doszedł, odpowiedział, że udało mu się przestać narzekać i użalać się nad sobą; skoncentrował się na tym, co może robić, by być szczęśliwym. Umiał postawić sobie właściwe pytania, które są kluczem do rozbudzenia w sobie pozytywnego myślenia. To bardzo ważne.

Pomyśl, czy czasem pytasz sam siebie, dlaczego nie możesz czegoś zrobić? Tak sformułowane pytanie świadczy o tym, że wątpisz i jesteś przygnębiony. Jaka będzie odpowiedź? Na pewno wyeksponuje ona Twoje ograniczenia i niemożność zrealizowania celu. Powinieneś raczej pytać, jak możesz to zrobić. Takie postawienie sprawy zainspiruje Cię do szukania właściwych, pozytywnych rozwiązań.

Człowiek, o którym pisałem, szukał inspiracji w życiu innych ludzi. Dużo o tym czytał. Zafascynowała go biografia Hellen Keller. Ta od dziecka niewidoma i niesłysząca pisarka mimo poważnego upośledzenia w pełni skoncentrowała się na odkrywaniu radosnej strony życia. Świadomie zdecydowała, że chce poświęcić się pisaniu i dawaniu nadziei innym. Jest autorką wielu książek, z których najsławniejsza jest jej biografia *The Story of My Life*. Ta niezwykła historia stała się inspiracją dla sztuki Williama Gibsona opartej na życiu Keller i jej nauczycielki Ann Sullivan. Autor w 1960 roku otrzymał za nią Nagrodę Pulitzera. Na podstawie *The Story of My Life* nakręcono również film. Helen Keller swoją odważną i pozytywną postawą wzbudziła wielkie zainteresowanie. Zapraszano ją do wielu krajów, by opowiadała, jak można rozwiązywać problemy i kształtować w sobie pozytywne nastawienie do życia. Zachęcam do zapoznania się z jej fascynującą biografią.

Poznawanie historii ludzi, którzy osiągnęli więcej od nas, jest ogromnym i nieocenionym źródłem inspiracji. Ludzie, którzy określili, co jest dla nich ważne, i w codziennym życiu konsekwentnie kierują się tymi wartościami, czują się spełnieni.

Jak rozpoznać wartości? Jak wybrać to, co najważniejsze? Jak zmienić swoje życie na lepsze? Oto moja rada:

Będzie to ćwiczenie, które najlepiej wykonać w dniu wolnym od pracy. Usiądź wygodnie, rozluźnij się i zrelaksuj. Weź kartkę papieru i zapisz na niej te pojęcia, które przedstawiają wartość dla Ciebie. Następnie ponumeruj je według priorytetów. Te, które otrzymają pierwsze w kolejności numery, będą Twoimi wartościami nadrzędnymi. Teraz postanów sobie w głębi serca, że wszystko podporządkujesz właśnie im i nie będziesz w tej materii szedł na żadne kompromisy. Podejmując takie postanowienie, pozbędziesz się toksycznych myśli i wątpliwości, nareszcie będziesz wiedział, jak bez lęku i wahania podejmować najważniejsze życiowe decyzje.

Jak dowodzą statystyki, w przytłaczającej większości przypadków rzeczy ważne, które zawsze były blisko nas, zauważamy dopiero, gdy przeżyjemy poważny kryzys lub porażkę. Czy nie lepiej świadomie podjąć ten trud? Zatem jeszcze dzisiaj zrób sobie pauzę i wyznacz termin spotkania z samym sobą. Na spotkaniu tym zadaj sobie konkretne pytania: „Dokąd zmierzam? Jakie są moje życiowe cele? Co tak naprawdę się dla mnie liczy? Co jest dla mnie ważne?". Bądź skrupulatny i całkowicie szczery w odpowiedziach.

Jest to warunek konieczny do dokonania w sobie prawdziwych i znaczących przemian.

Kiedy poznasz swoje wartości nadrzędne i odpowiesz uczciwie na pytania, prawdopodobnie Twoja **podświadomość** niemal automatycznie pobudzi do działania cechy, o których pisałem w pierwszej części książki. Będą Cię one wspomagały w realizacji zamierzeń. Nie mamy co prawda władzy nad tymi siłami, ale możemy je ukierunkować. Ustalanie wartości nie jest celem samym w sobie, chodzi tu o wywołanie u siebie silnego, wewnętrznego przekonania o znaczeniu danej wartości – to wytworzy **silną motywa-**

**cję wewnętrzną**, która nie będzie poddawać się zniechęcającym czynnikom zewnętrznym. Musisz jednak podjąć decyzję świadomie, zdecydowanie i wszystko jej podporządkować. Dopiero wówczas zaczniesz zmieniać swoje życie.

Jest to proces powolny, czasem potrzeba miesięcy, a nawet lat, aby zmiany stały się wyraźne. Pierwsze efekty powinieneś dostrzec już po 2-3 miesiącach, na pewno ich nie przeoczysz. Jeśli Twoją wartością nadrzędną stanie się rodzina, zauważysz, że nie wykręcasz się już od spędzania z nią czasu i nie usprawiedliwiasz swojej nieobecności w domu koniecznością pracy po godzinach. Poczujesz się szczęśliwy, kiedy Twoje własne dziecko powie Ci, jak bardzo cieszy się, że jesteś już w domu i odrabiasz z nim lekcje.

Nie wystarczy jednak poruszać się tylko w sferze świadomości, bo ma ona poważne ograniczenia. Jeśli **zaprogramujemy swoją podświadomość, podsuwając jej pozytywne informacje**, nasze polecenia potraktuje ona jak rozkaz. Jak to właściwie działa?

Wyjaśnię to na własnym przykładzie. Kiedy postanowiłem zadbać o swoje zdrowie i wygląd, a także schudnąć, moja podświadomość zaczęła mną kierować i w pewnym sensie zmuszała mnie do rezygnacji z zachowań, które nie przybliżały mnie do osiągnięcia celu, a skłaniała do podejmowania tych działań, z którymi było mi po drodze. Obserwowałem, jak moja sylwetka powoli się zmienia. Odbyłem rozmowę z dietetykiem i zrozumiałem, że powrót do optymalnej wagi zajmie mi około 16 miesięcy. Przy wzroście 183 centymetrów ważyłem wtedy 96 kilogramów, a chciałem schudnąć do 81 kilogramów. Udało się i do tej pory utrzymałem wagę, nigdy nie doświadczyłem efektu jojo. Był nawet taki moment, że schudłem do 77 kilogramów, ale nie czułem się wtedy dobrze i szybko wróciłem „do siebie", czyli do wagi, którą odbierałem jako optymalną. Ważne było postanowienie i przekonanie, że zdrowe ciało jest dla mnie ważne i dlatego będę szczupły, oraz to, że bezwzględnie w to uwierzyłem. Całkowicie zmieniłem tryb życia i nadal się tego trzymam, choć od tamtego czasu minęło już 16 lat.

Może się zdarzyć, że wybrane przez nas wartości nadrzędne będą ze sobą sprzeczne. Dlatego istotne jest wskazanie jednej z nich jako numeru jeden, aby wszystkie inne pozostawały jej podporządkowane. Jeśli ktoś postawi na pierwszym miejscu pracę na równi z rodziną, jest bardzo prawdopodobne, że poniesie porażkę. Wartość pierwszego rzędu powinna być tak dobrana, by jej realizacja nie wpływała negatywnie na pozostałe.

Nadrzędne wartości pozwalają nadać sens życiu każdego człowieka. Ich świadome ustalenie poprzez działanie podświadomości budzi w nas pozytywne cechy, które pomagają w realizacji wszelkich zamierzeń.

Zachęcam do zdobywania wiedzy o wartościach nadrzędnych. W ostatnich 100 latach powstało co najmniej kilkadziesiąt mądrych książek o tej tematyce.

Kiedy zdobędziemy wiedzę na ten wyjątkowy temat, wzbudzimy w sobie nawyk okazywania wdzięczności, która odpowiada za jakość naszego życia. Zachęcam Cię do zdefiniowania Twoich wartości nadrzędnych. Zrób to już dziś i zacznij żyć nowym, lepszym życiem.

☼

# Co możesz zapamiętać?

1. Ustalenie nadrzędnych wartości budzi pozytywne cechy, które podświadomie zaczynają pomagać w realizacji zamierzeń.
2. Nadrzędne wartości to klucz do osiągnięcia wartościowych celów.
3. Korzystaj z różnych źródeł, z których można czerpać wartości.
4. Naucz się doceniać to, co masz.
5. Dostrzeż korzyści i pozytywny wpływ wartości nadrzędnych na życie swoje i innych.
6. Zdefiniuj swoje kluczowe wartości i żyj zgodnie z nimi!

# Bibliografia

Albright M., Carr C., *Największe błędy menedżerów*, Warszawa 1997.
Allen B.D., Allen W.D., *Formuła 2+2. Skuteczny coaching*, Warszawa 2006.
Anderson Ch., *Za darmo: przyszłość najbardziej radykalnej z cen*, Kraków 2011.
Anthony R., *Pełna wiara w siebie*, Warszawa 2005.
Ariely D., *Zalety irracjonalności. Korzyści z postępowania wbrew logice w domu i pracy*, Wrocław 2010.
Bates W.H., *Naturalne leczenie wzroku bez okularów*, Katowice 2011.
Bettger F., *Jak umiejętnie sprzedawać i zwielokrotnić dochody*, Warszawa 1995.
Blanchard K., Johnson S., *Jednominutowy menedżer*, Konstancin-Jeziorna 1995.
Blanchard K., O'Connor M., *Zarządzanie poprzez wartości*, Warszawa 1998.
Bogacka A.W., *Zdrowie na talerzu*, Białystok 2008.
Bollier D., *Mierzyć wyżej. Historie 25 firm, które osiąg-

*nęły sukces, łącząc skuteczne zarządzanie z realizacją misji społecznych*, Warszawa 1999.

Bond W.J., *199 sytuacji, w których tracimy czas, i jak ich uniknąć*, Gdańsk 1995.

Bono E. de, *Dziecko w szkole kreatywnego myślenia*, Gliwice 2010.

Bono E. de, *Sześć kapeluszy myślowych*, Gliwice 2007.

Bono E. de, *Sześć ram myślowych*, Gliwice 2009.

Bono E. de, *Wodna logika. Wypłyń na szerokie wody kreatywności*, Gliwice 2011.

Bossidy L., Charan R., *Realizacja. Zasady wprowadzania planów w życie*, Warszawa 2003.

Branden N., *Sześć filarów poczucia własnej wartości*, Łódź 2010.

Branson R., *Zaryzykuj – zrób to! Lekcje życia*, Warszawa-Wesoła 2012.

Brothers J., Eagan E, *Pamięć doskonała w 10 dni*, Warszawa 2000.

Buckingham M., *To jedno, co powinieneś wiedzieć... o świetnym zarządzaniu, wybitnym przywództwie i trwałym sukcesie osobistym*, Warszawa 2006.

Buckingham M., *Wykorzystaj swoje silne strony. Użyj dźwigni swojego talentu*, Waszawa 2010

Buckingham M., Clifton D.O., *Teraz odkryj swoje silne strony*, Warszawa 2003.

Butler E., Pirie M., *Jak podwyższyć swój iloraz inteligencji?*, Gdańsk 1995.

Buzan T., *Mapy myśli*, Łódź 2008.

Buzan T., *Pamięć na zawołanie*, Łódź 1999.

Buzan T., *Podręcznik szybkiego czytania*, Łódź 2003.

Buzan T., *Potęga umysłu. Jak zyskać sprawność fizyczną i umysłową: związek umysłu i ciała*, Warszawa 2003.

Buzan T., Dottino T., Israel R., *Zwykli ludzie – liderzy. Jak maksymalnie wykorzystać kreatywność pracowników*, Warszawa 2008.

Carnegie D., *I ty możesz być liderem*, Warszawa 1995.

Carnegie D., *Jak przestać się martwić i zacząć żyć*, Warszawa 2011.

Carnegie D., *Jak zdobyć przyjaciół i zjednać sobie ludzi*, Warszawa 2011.

Carnegie D., *Po szczeblach słowa. Jak stać się doskonałym mówcą i rozmówcą*, Warszawa 2009.

Carnegie D., Crom M., Crom J.O., *Szkoła biznesu. O pozyskiwaniu klientów na zawsze*, Waszrszawa 2003

Cialdini R., *Wywieranie wpływu na ludzi*, Gdańsk 1998.

Clegg B., *Przyspieszony kurs rozwoju osobistego*, Warszawa 2002.

Cofer C.N., Appley M.H., *Motywacja: teoria i badania*, Warszawa 1972.

Cohen H., *Wszystko możesz wynegocjować. Jak osiągnąć to, co chcesz*, Warszawa 1997. r Covey S.R., 3. rozwiązanie, Poznań 2012.

Covey S.R., *7 nawyków skutecznego działania*, Poznań 2007.

Covey S.R., *8. nawyk*, Poznań 2006.

Covey S.R., Merrill A.R., Merrill R.R., *Najpierw rzeczy najważniejsze*, Warszawa 2007.

Craig M., *50 najlepszych (i najgorszych) interesów w historii biznesu*, Warszawa 2002.

Csikszentmihalyi M., *Przepływ: psychologia optymalnego doświadczenia*, Wrocław 2005

Davis R.C., Lindsmith B., *Ludzie renesansu: umysły, które ukształtowały erę nowożytną*, Poznań 2012

Davis R.D., Braun E.M., *Dar dysleksji. Dlaczego niektórzy zdolni ludzie nie umieją czytać i jak mogą się nauczyć*, Poznań 2001.

Dearlove D., *Biznes w stylu Richarda Bransona. 10 tajemnic twórcy megamarki*, Gdańsk 2009.

DeVos D., *Podstawy wolności. Wartości decydujące o sukcesie jednostek i społeczeństw*, Konstancin-Jeziorna 1998.

DeVos R.M., Conn Ch.P., *Uwierz! Credo człowieka czynu, współzałożyciela Amway Corporation, hołdującego zasadom, które uczyniły Amerykę wielką*, Warszawa 1994.

Dixit A.K., Nalebuff B.J., *Myślenie strategiczne. Jak zapewnić sobie przewagę w biznesie, polityce i życiu prywatnym*, Gliwice 2009.

Dixit A.K., Nalebuff B.J., *Sztuka strategii. Teoria gier w biznesie i życiu prywatnym*, Warszawa 2009.

Dobson J., *Jak budować poczucie wartości w swoim dziecku*, Lublin 1993.

*Doskonalenie strategii* (seria *Harvard Bussines Review*), praca zbiorowa, Gliwice 2006.

Dryden G., Vos J., *Rewolucja w uczeniu*, Poznań 2000.

Dyer W.W., *Kieruj swoim życiem*, Warszawa 2012.

Dyer W.W., *Pokochaj siebie*, Warszawa 2008.

Edelman R.C., Hiltabiddle T.R., Manz Ch.C., *Syndrom miłego człowieka*, Gliwice 2010.

Eichelberger W., Forthomme P., Nail F., *Quest. Twoja droga do sukcesu. Nie ma prostych recept na sukces, ale są recepty skuteczne*, Warszawa 2008.

Enkelmann N.B., *Biznes i motywacja*, Łódź 1997.

Eysenck H. i M., *Podpatrywanie umysłu. Dlaczego ludzie zachowują się tak, jak się zachowują?*, Gdańsk 1996.

Ferriss T., *4-godzinny tydzień pracy. Nie bądź płatnym niewolnikiem od 7.00 do 17.00*, Warszawa 2009.

Flexner J.T., Waschington. *Człowiek niezastąpiony*, Warszawa 1990.

Forward S., Frazier D., *Szantaż emocjonalny: jak obronić się przed manipulacją i wykorzystaniem*, Gdańsk 2011.

Frankl V.E., *Człowiek w poszukiwaniu sensu*, Warszawa 2009.
Fraser J.F., *Jak Ameryka pracuje*, Przemyśl 1910.
Freud Z., *Wstęp do psychoanalizy*, Warszawa 1994.
Fromm E., *Mieć czy być*, Poznań 2009.
Fromm E., *Niech się stanie człowiek. Z psychologii etyki*, Warszawa 2005.
Fromm E., *O sztuce miłości*, Poznań 2002.
Fromm E., *O sztuce słuchania. Terapeutyczne aspekty psychoanalizy*, Warszawa 2002.
Fromm E., *Serce człowieka. Jego niezwykła zdolność do dobra i zła*, Warszawa 2000.
Fromm E., *Ucieczka od wolności*, Warszawa 2001.
Fromm E., *Zerwać okowy iluzji*, Poznań 2000.
Galloway D., *Sztuka samodyscypliny*, Warszawa 1997.
Gardner H., *Inteligencje wielorakie – teoria w praktyce*, Poznań 2002.
Gawande A., *Potęga checklisty: jak opanować chaos i zyskać swobodę w działaniu*, Kraków 2012.
Gelb M.J., *Leonardo da Vinci odkodowany*, Poznań 2005.
Gelb M.J., Miller Caldicott S., *Myśleć jak Edison*, Poznań 2010.
Gelb M.J., *Myśleć jak geniusz*, Poznań 2004.
Gelb M.J., *Myśleć jak Leonardo da Vinci*, Poznań 2001.
Giblin L., *Umiejętność postępowania z innymi...*, Kraków 1993.

Girard J., Casemore R., *Pokonać drogę na szczyt*, Warszawa 1996.
Glass L., *Toksyczni ludzie*, Poznań 1998.
Godlewska M., *Jak pokonałam raka*, Białystok 2011.
Godwin M., *Kim jestem? 101 dróg do odkrycia siebie*, Warszawa 2001.
Goleman D., *Inteligencja emocjonalna*, Poznań 2002.
Gordon T., *Wychowywanie bez porażek szefów, liderów, przywódców*, Warszawa 1996.
Gorman T., *Droga do skutecznych działań. Motywacja*, Gliwice 2009.
Gorman T., *Droga do wzrostu zysków. Innowacja*, Gliwice 2009.
Greenberg H., Sweeney P., *Jak odnieść sukces i rozwinąć swój potencjał*, Warszawa 2007.
Habeler P., Steinbach K., *Celem jest szczyt*, Warszawa 2011.
Hamel G., Prahalad C.K., *Przewaga konkurencyjna jutra*, Warszawa 1999.
Hamlin S., *Jak mówić, żeby nas słuchali*, Poznań 2008.
Hill N., *Klucze do sukcesu*, Warszawa 1998.
Hill N., *Magiczna drabina do sukcesu*, Warszawa 2007.
Hill N., *Myśl!... i bogać się. Podręcznik człowieka interesu*, Warszawa 2012.
Hill N., *Początek wielkiej kariery*, Gliwice 2009.
Ingram D.B., Parks J.A., *Etyka dla żółtodziobów, czyli wszystko, co powinieneś wiedzieć o...*, Poznań 2003.

Jagiełło J., Zuziak W. [red.], *Człowiek wobec wartości*, Kraków 2006.

James W., *Pragmatyzm*, Warszawa 2009.

Jamruszkiewicz J., *Kurs szybkiego czytania*, Chorzów 2002.

Johnson S., *Tak czy nie. Jak podejmować dobre decyzje*, Konstancin-Jeziorna 1995.

Jones Ch., *Życie jest fascynujące*, Konstancin-Jeziorna 1993.

Kanter R.M., *Wiara w siebie. Jak zaczynają się i kończą dobre i złe passy*, Warszawa 2006.

Keller H., *Historia mojego życia*, Warszawa 1978.

Kirschner J., *Zwycięstwo bez walki. Strategie przeciw agresji*, Gliwice 2008.

Koch R., *Zasada 80/20. Lepsze efekty mniejszym nakładem sił i środków*, Konstancin--Jeziorna 1998.

Kopmeyer M.R., *Praktyczne metody osiągania sukcesu*, Warszawa 1994.

Ksenofont, *Cyrus Wielki. Sztuka zwyciężania*, Warszawa 2008.

Kuba A., Hausman J., *Dzieje samochodu*, Warszawa 1973.

Kumaniecki K., *Historia kultury starożytnej Grecji i Rzymu*, Warszawa 1964.

Lamont G., *Jak podnieść pewność siebie*, Łódź 2008.

Leigh A., Maynard M., *Lider doskonały*, Poznań 1999.

Littauer F., *Osobowość plus*, Warszawa 2007.

Loreau D., *Sztuka prostoty*, Warszawa 2009.
Lott L., Intner R., Mendenhall B., *Autoterapia dla każdego. Spróbuj w osiem tygodni zmienić swoje życie*, Warszawa 2006.
Maige Ch., Muller J.-L., *Walka z czasem. Atut strategiczny przedsiębiorstwa*, Warszawa 1995.
Mansfield P., *Jak być asertywnym*, Poznań 1994.
Martin R., *Niepokorny umysł. Poznaj klucz do myślenia zintegrowanego*, Gliwice 2009.
Maslow A., *Motywacja i osobowość*, Warszawa 2009.
Matusewicz Cz., *Wprowadzenie do psychologii*, Warszawa 2011.
Maxwell J.C., *21 cech skutecznego lidera*, Warszawa 2012.
Maxwell J.C., *Tworzyć liderów, czyli jak wprowadzać innych na drogę sukcesu*, Konstancin-Jeziorna 1997.
Maxwell J.C., *Wszyscy się komunikują, niewielu potrafi się porozumieć*, Warszawa 2011.
McCormack M.H., *O zarządzaniu*, Warszawa 1998.
McElroy K., *Jak inwestować w nieruchomości. Znajdź ukryte zyski, których większość inwestorów nie dostrzega*, Osielsko 2008.
McGee P., *Pewność siebie. Jak mała zmiana może zrobić wielką różnicę*, Gliwice 2011.
McGrath H., Edwards H., *Trudne osobowości. Jak radzić sobie ze szkodliwymi zachowaniami innych oraz własnymi*, Poznań 2010.

Mellody P., Miller A.W., Miller J.K., *Toksyczna miłość i jak się z niej wyzwolić*, Warszawa 2013.

Melody B., *Koniec współuzależnienia*, Poznań 2002.

Miller M., *Style myślenia*, Poznań 2000.

Mingotaud F., *Sprawny kierownik. Techniki osiągania sukcesów*, Warszawa 1994.

MJ DeMarco, *Fastlane milionera*, Katowice 2012.

Morgenstern J., *Jak być doskonale zorganizowanym*, Warszawa 2000.

Nay W.R., *Związek bez gniewu. Jak przerwać błędne koło kłótni, dąsów i cichych dni*, Warszawa 2011.

Nierenberg G.I., *Ekspert. Czy nim jesteś?*, Warszawa 2001.

Ogger G., *Geniusze i spekulanci, Jak rodził się kapitalizm*, Warszawa 1993.

Osho, *Księga zrozumienia. Własna droga do wolności*, Warszawa 2009.

Parkinson C.N., *Prawo pani Parkinson*, Warszawa 1970.

Peale N.V., *Entuzjazm zmienia wszystko. Jak stać się zwycięzcą*, Warszawa 1996.

Peale N.V., *Możesz, jeśli myślisz, że możesz*, Warszawa 2005.

Peale N.V., *Rozbudź w sobie twórczy potencjał*, Warszawa 1997.

Peale N.V., *Uwierz i zwyciężaj. Jak zaufać swoim myślom i poczuć pewność siebie*, Warszawa 1999.

Pietrasiński Z., *Psychologia sprawnego myślenia*, Warszawa 1959.
Pilikowski J., *Podróż w świat etyki*, Kraków 2010.
Pink D.H., *Drive*, Warszawa 2011.
Pirożyński M., *Kształcenie charakteru*, Poznań 1999.
*Pismo Święte Starego i Nowego Testamentu. Biblia Tysiąclecia*, Warszawa 2002.
*Pismo Święte w Przekładzie Nowego Świata*, 1997.
Popielski K., *Psychologia egzystencji. Wartości w życiu*, Lublin 2009.
*Poznaj swoją osobowość*, Bielsko-Biała 1996.
Przemieniecki J., *Psychologia jednostki. Odkoduj szyfr do swego umysłu*, Warszawa 2008.
Pszczołowski T., *Umiejętność przekonywania i dyskusji*, Gdańsk 1998.
Reiman T., *Potęga perswazyjnej komunikacji*, Gliwice 2011.
Robbins A., *Nasza moc bez granic. Skuteczna metoda osiągania życiowych sukcesów za pomocą NLP*, Konstancin-Jeziorna 2009.
Robbins A., *Obudź w sobie olbrzyma… i miej wpływ na całe swoje życie – od zaraz*, Poznań 2002.
Robbins A., *Olbrzymie kroki*, Warszawa 2001.
Robert M., *Nowe myślenie strategiczne: czyste i proste*, Warszawa 2006.
Robinson J.W., *Imperium wolności. Historia Amway Corporation*, Warszawa 1997.

Rose C., Nicholl M.J., *Ucz się szybciej, na miarę XXI wieku*, Warszawa 2003.
Rose N., *Winston Churchill. Życie pod prąd*, Warszawa 1996.
Rychter W., *Dzieje samochodu*, Warszawa 1962.
Ryżak Z., *Zarządzanie energią kluczem do sukcesu*, Warszawa 2008.
Savater F., *Etyka dla syna*, Warszawa 1996.
Schäfer B., *Droga do finansowej wolności. Pierwszy milion w ciągu siedmiu lat*, Warszawa 2011.
Schäfer B., *Zasady zwycięzców*, Warszawa 2007.
Scherman J.R., *Jak skończyć z odwlekaniem i działać skutecznie*, Warszawa 1995.
Schuller R.H., *Ciężkie czasy przemijają, bądź silny i przetrwaj je*, Warszawa 1996.
Schwalbe B., Schwalbe H., Zander E., *Rozwijanie osobowości. Jak zostać sprzedawcą doskonałym*, tom 2, Warszawa 1994.
Schwartz D.J., *Magia myślenia kategoriami sukcesu*, Konstancin-Jeziorna 1994.
Schwartz D.J., *Magia myślenia na wielką skalę. Jak zaprząc duszę i umysł do wielkich osiągnięć*, Warszawa 2008.
Scott S.K., *Notatnik milionera. Jak zwykli ludzie mogą osiągać niezwykłe sukcesy*, Warszawa 1997.
Sedlak K. [red.], *Jak poszukiwać i zjednywać najlepszych pracowników*, Kraków 1995.

Seiwert L.J., *Jak organizować czas*, Warszawa 1998.
Seligman M.E.P., *Co możesz zmienić, a czego nie możesz*, Poznań 1995.
Seligman M.E.P., *Pełnia życia*, Poznań 2011.
Seneka, *Myśli*, Kraków 1989.
Sewell C., Brown P.B., *Klient na całe życie, czyli jak przypadkowego klienta zmienić w wiernego entuzjastę naszych usług*, Warszawa 1992.
*Słownik pisarzy antycznych*, Warszawa 1982.
Smith A., *Umysł*, Warszawa 1989.
Spector R., *Amazon.com. Historia przedsiębiorstwa, które stworzyło nowy model biznesu*, Warszawa 2000.
Spence G., *Jak skutecznie przekonywać... wszędzie i każdego dnia*, Poznań 2001.
Sprenger R.K., *Zaufanie # 1*, Warszawa 2011.
Staff L., *Michał Anioł*, Warszawa 1990.
Stone D.C., *Podążaj za swymi marzeniami*, Konstancin-Jeziorna 1998.
Swiet J., *Kolumb*, Warszawa 1979.
Szurawski M., *Pamięć. Trening interaktywny*, Łódź 2004.
Szyszkowska M., *W poszukiwaniu sensu życia*, Warszawa 1997.
Tatarkiewicz W., *O szczęściu*, Warszawa 1979.
Tavris C., Aronson E., *Błądzą wszyscy (ale nie ja)*, Sopot-Warszawa 2008.

Tracy B., *Milionerzy z wyboru. 21 tajemnic sukcesu*, Warszawa 2002.

Tracy B., *Plan lotu. Prawdziwy sekret sukcesu*, Warszawa 2008.

Tracy B., Scheelen F.M., *Osobowość lidera*, Warszawa 2001.

Tracy B., *Sztuka zatrudniania najlepszych. 21 praktycznych i sprawdzonych technik do wykorzystania od zaraz*, Warszawa 2006.

Tracy B., *Turbostrategia. 21 skutecznych sposobów na przekształcenie firmy i szybkie zwiększenie zysków*, Warszawa 2004.

Tracy B., *Zarabiaj więcej i awansuj szybciej. 21 sposobów na przyspieszenie kariery*, Warszawa 2007.

Tracy B., *Zarządzanie czasem*, Warszawa 2008.

Tracy B., *Zjedz tę żabę. 21 metod podnoszenia wydajności w pracy i zwalczania skłonności do zwlekania*, Warszawa 2005.

Twentier J.D., *Sztuka chwalenia ludzi*, Warszawa 1998.

Urban H., *Moc pozytywnych słów*, Warszawa 2012.

Ury W., *Odchodząc od nie. Negocjowanie od konfrontacji do kooperacji*, Warszawa 2000.

Vitale J., Klucz do sekretu. *Przyciągnij do siebie wszystko, czego pragniesz*, Gliwice 2009.

Waitley D., *Być najlepszym*, Warszawa 1998.

Waitley D., *Imperium umysłu*, Konstancin-Jeziorna 1997.

Waitley D., *Podwójne zwycięstwo*, Warszawa 1996.
Waitley D., *Sukces zależy od właściwego momentu*, Warszawa 1997.
Waitley D., Tucker R.B., *Gra o sukces. Jak zwyciężać w twórczej rywalizacji*, Warszawa 1996.
Walton S., Huey J., *Sam Walton. Made in America*, Warszawa 1994.
Waterhouse J., Minors D., Waterhouse M., *Twój zegar biologiczny. Jak żyć z nim w zgodzie*, Warszawa 1993.
Wegscheider-Cruse S., *Poczucie własnej wartości. Jak pokochać siebie*, Gdańsk 2007.
Wilson P., *Idealna równowaga. Jak znaleźć czas i sposób na pełnię życia*, Warszawa 2010.
Ziglar Z., *Do zobaczenia na szczycie*, Warszawa 1995.
Ziglar Z., *Droga na szczyt*, Konstancin-Jeziorna 1995.
Ziglar Z., *Ponad szczytem*, Warszawa 1995.

# O autorze

**Andrzej Moszczyński** od 30 lat aktywnie zajmuje się działalnością biznesową. Jego główną kompetencją jest tworzenie skutecznych strategii dla konkretnych obszarów biznesu.

W latach 90. zdobywał doświadczenie w branży reklamowej – był prezesem i założycielem dwóch spółek z o.o. Zatrudniał w nich ponad 40 osób. Spółki te były liderami w swoich branżach, głównie w reklamie zewnętrznej – tranzytowej (reklamy na tramwajach, autobusach i samochodach). W 2001 r. przejęciem pakietów kontrolnych w tych spółkach zainteresowały się dwie firmy: amerykańska spółka giełdowa działająca w ponad 30 krajach, skupiająca się na reklamie radiowej i reklamie zewnętrznej oraz największy w Europie fundusz inwestycyjny. W 2003 r. Andrzej sprzedał udziały w tych spółkach inwestorom strategicznym.

W latach 2005-2015 był prezesem i założycielem spółki, która zajmowała się kompleksową komercjalizacją liderów rynku deweloperskiego (firma w sumie sprzedała ponad 1000 mieszkań oraz 350 apartamentów hotelowych w systemie condo).

W latach 2009-2018 był akcjonariuszem strategicznym oraz przewodniczącym rady nadzorczej fabryki urządzeń okrętowych Expom SA. Spółka ta zasięgiem działania obejmuje cały świat, dostarczając urządzenia (w tym dźwigi i żurawie) dla branży morskiej. W 2018 r. sprzedał pakiet swoich akcji inwestorowi branżowemu. W 2014 r. utworzył w USA spółkę LLC, która działa w branży wydawniczej. W ciągu 14 lat (poczynając od 2005 r.) napisał w sumie 22 kieszonkowe poradniki z dziedziny rozwoju kompetencji miękkich – obszaru, który ma między innymi znaczenie strategiczne dla budowania wartości niematerialnych i prawnych przedsiębiorstw. Poradniki napisane przez Andrzeja koncentrują się na przekazaniu wiedzy o wartościach i rozwoju osobowości – czynnikach odpowiedzialnych za prowadzenie dobrego życia, bycie spełnionym i szczęśliwym.

Andrzej zdobywał wiedzę z dziedziny budowania wartości firm oraz tworzenia skutecznych strategii przy udziale następujących instytucji: Ernst & Young, Gallup Institute, PricewaterhauseCoopers (PwC) oraz Harward Business Review. Jego kompetencje można przyrównać do pracy **stroiciela instrumentu.**

Kiedy miał 7 lat, mama zabrała go do szkoły muzycznej, aby sprawdzić, czy ma talent. Przeszedł test pozytywnie – okazało się, że może rozpocząć edukację muzyczną. Z różnych powodów to nie nastąpiło. Często jednak w jego książkach czy wykładach można usłyszeć bądź przeczytać przykłady związane ze światem muzyki.

    Dlaczego można przyrównać jego kompetencje do pracy stroiciela na przykład fortepianu? Stroiciel udoskonala fortepian, aby jego dźwięk był idealny. Każdy fortepian ma swój określony potencjał mierzony jakością dźwięku – dźwięku, który urzeka i wprowadza ludzi w stan relaksu, a może nawet pozytywnego ukojenia. Podobnie jak stroiciel Andrzej udoskonala różne procesy – szczególnie te, które dotyczą relacji z innymi ludźmi. Wierzy, że ludzie posiadają mechanizm psychologiczny, który można symbolicznie przyrównać do **mentalnego żyroskopu** czy **mentalnego noktowizora**. Rola Andrzeja polega na naprawieniu bądź wprowadzeniu w ruch tych „urządzeń".

    Żyroskop jest urządzeniem, które niezależnie od komplikacji pokazuje określony kierunek. Tego typu urządzenie wykorzystywane jest na statkach i w samolotach. Andrzej jest przekonany, że rozwijanie **koncentracji i wyobraźni** prowadzi do włączenia naszego mentalnego żyroskopu. Dzięki temu możemy między innymi znajdować skuteczne rozwiązania skomplikowanych wyzwań.

**Noktowizor** to wyjątkowe urządzenie, które umożliwia widzenie w ciemności. Jest wykorzystywane przez wojsko, służby wywiadowcze czy myśliwych. Życie Andrzeja ukierunkowane jest na badanie tematu źródeł wewnętrznej motywacji – siły skłaniającej do działania, do przejawiania inicjatywy, do podejmowania wyzwań, do wchodzenia w obszary zupełnie nieznane. Andrzej ma przekonanie, że rozwijanie **poczucia własnej wartości** prowadzi do włączenia naszego mentalnego noktowizora. Bez optymalnego poczucia własnej wartości życie jest ciężarem.

W swojej pracy Andrzej koncentruje się na procesach podnoszących jakość następujących obszarów: właściwe interpretowanie zdarzeń, wyciąganie wniosków z analizy porażek oraz sukcesów, formułowanie właściwych pytań, a także korzystanie z wyobraźni w taki sposób, aby przewidywać swoją przyszłość, co łączy się bezpośrednio z umiejętnością strategicznego myślenia. Umiejętności te pomagają rozumieć mechanizmy wywierania wpływu przez inne osoby i umożliwiają niepoddawanie się wszechobecnej indoktrynacji. Kiedy mentalny noktowizor działa poprawnie, przekazuje w odpowiednim czasie sygnały ostrzegające, że ktoś posługuje się manipulacją, aby osiągnąć swoje cele.

Andrzej posiada również doświadczenie jako prelegent, co związane jest z jego zaangażowaniem w działania społeczne. W ostatnich 30 latach był zapraszany do udziału w różnych szkoleniach i seminariach, zgromadzeniach czy kongresach – w sumie jako mówca wystąpił ponad 700 razy. Jego przemówienia i wykłady znane są z inspirujących przykładów i zachęcających pytań, które mobilizują słuchaczy do działania.

## Opinie o książce

Małe dziecko przychodzi na świat bez instrukcji obsługi, o czym boleśnie przekonują się kolejne pokolenia młodych rodziców. A jednak mimo tej pozornej przeszkody ludzkość była i jest w stanie poradzić sobie z tym wyzwaniem. Jak? Młodzi rodzice szybko uczą się – głównie metodą prób i błędów – jak zaspokajać potrzeby swojego dziecka. Rodzicielstwo to ciekawa mieszanka zaufania do własnej intuicji, pomocy bliskich i odwołania do wiedzy ekspertów. To nie stały zestaw umiejętności, które ujawniają się w chwili narodzin dziecka, lecz raczej proces nabywania nowych umiejętności dostosowanych do potrzeb i rozwoju własnych pociech.

Nie inaczej jest w przypadku rozpoznania swoich talentów i wykorzystania ich w codziennym życiu. Nie są to zdolności, jakie nabywa się po przeczytaniu jednej książki lub uczestniczeniu w weekendowych warsztatach, lecz raczej droga, na którą się wchodzi świadomie i którą podąża przez resztę życia. Wybierając się w podróż, zwykle pakujemy ze sobą przewodnik i mapę, dlatego też podczas podróży do własnego wnętrza także warto sięgnąć po jakiś przewodnik. Seria książek autorstwa Andrzeja Moszczyńskiego jest właśnie takim przewodnikiem, zawierającym cenne podpowiedzi oraz techniki odkrywania i wykorzystywania swoich talentów. Autor nie stawia się w pozycji eksperta wiedzącego lepiej, co jest dla nas dobre, lecz raczej doradcy odwołującego się szeroko do filozofii, literatury, współczesnych technik doskonalenia osobowości i własnych doświadczeń. Zdecydowanymi mocnymi stronami tej serii są przykłady z życia ilustrujące prezentowane zagadnienia oraz bogata bibliografia służąca jako punkt do dalszych poszukiwań dla wszystkich zainteresowanych doskonaleniem osobowości. Uważam, że seria ta będzie pomocna dla każdego zainteresowanego świadomym życiem i rozwojem osobistym.

*Ania Bogacka*
Editorial Consultant and Life Coach

\* \* \*

Na rynku książek wybór poradników jest ogromny, ale wśród tego ogromu istnieją jasne punkty, w oparciu o które można kierować swoim życiem tak, by osiągnąć spełnienie. Samorealizacja jest osiągana poprzez mądrość i świadomość. To samo sprawia, że książki Andrzeja Moszczyńskiego są tak użyteczne i podnoszące na duchu. Dzielenie się mądrością w formie przykładów wielu historycznych postaci oświetla drogę w tej kluczowej podróży. Każda z książek Andrzeja jest kompletna sama w sobie, jednak wszystkie razem stanowią zestaw narzędzi, przy pomocy których każdy z nas może ulepszyć umysł i serce, aby ostatecznie przyjąć proaktywną i współczującą postawę wobec życia. Jako osoba, która badała i edytowała wiele tekstów z filozofii i duchowości, mogę z entuzjazmem polecić tę książkę.

*Lawrence E. Payne*

# Dodatek

# Cytaty, które pomagały autorowi napisać tę książkę

*Na temat rozwoju*

Przeznaczeniem człowieka jest jego charakter.

Heraklit z Efezu

Osobowość kształtuje się nie poprzez piękne słowa, lecz pracą i własnym wysiłkiem.

Albert Einstein

*Na temat nastawienia do życia*

Jeśli jesteś nieszczęśliwy, to dlatego, że cały czas myślisz raczej o tym, czego nie masz, zamiast koncentrować się na tym, co masz w danej chwili.

Anthony de Mello

W końcu, bracia, wszystko, co jest prawdziwe, co godne, co sprawiedliwe, co czyste, co miłe, co zasługuje na uznanie: jeśli jest jakąś cnotą i czynem chwalebnym – to miejcie na myśli.

List do Filipian 4:8

*Na temat szczęścia*

Ludzie są na tyle szczęśliwi, na ile sobie pozwolą nimi być.

Abraham Lincoln

Więcej szczęścia jest w dawaniu aniżeli w braniu.

Dz 20:35

*Na temat poczucia własnej wartości*

Bez Twojego pozwolenia nikt nie może sprawić, że poczujesz się gorszy.

Eleanor Roosevelt

*Na temat możliwości człowieka*

Nie ma rzeczy niemożliwych, są tylko te trudniejsze do wykonania.

Henry Ford

Gdybyśmy robili wszystkie rzeczy, które jesteśmy w stanie zrobić, wprawilibyśmy się w ogromne zdumienie.

Thomas Edison

*Na temat poznawania siebie*

Najpierw sami tworzymy własne nawyki, potem nawyki tworzą nas.

John Dryden

*Na temat wiary w siebie*

Człowiek, który zyska i zachowa władzę nad sobą, dokona rzeczy największych i najtrudniejszych.

Johann Wolfgang von Goethe

Ludzie potrafią, gdy sądzą, że potrafią.

Wergiliusz

*Na temat wnikliwości*

Prawdę należy mówić tylko temu, kto chce jej słuchać.

Seneka Starszy

Język mądrych jest lekarstwem.

Księga Przysłów 12:18

*Na temat wytrwałości*

Nic na świecie nie zastąpi wytrwałości. Nie zastąpi jej talent – nie ma nic powszechniejszego niż ludzie utalentowani, którzy nie odnoszą sukcesów. Nie uczyni niczego sam geniusz – nienagradzany geniusz to już prawie przysłowie. Nie uczyni niczego też samo wykształcenie – świat jest pełen ludzi wykształconych, o których zapomniano. Tylko wytrwałość i determinacja są wszechmocne.

John Calvin Coolidge

Możemy zrealizować każde zamierzenie, jeśli potrafimy trwać w nim wystarczająco długo.

Helen Keller

Tak samo, jak pojedynczy krok nie tworzy ścieżki na ziemi, tak pojedyncza myśl nie stworzy ścieżki w Twoim umyśle. Prawdziwa ścieżka powstaje, gdy chodzimy po niej wielokrotnie. Aby stworzyć głęboką ścieżkę mentalną, potrzebne jest wielokrotne powtarzanie myśli, które mają zdominować nasze życie.

Napoleon Bonaparte

*Na temat entuzjazmu*

Tylko przykład jest zaraźliwy.

Lope de Vega

*Na temat odwagi*

Życie albo jest śmiałą przygodą, albo nie jest życiem. Nie lękać się zmian, a w obliczu kapryśności losu zachowywać hart ducha – oto siła nie do pokonania.

Helen Keller

Silny jest ten, kto potrafi przezwyciężyć swe szkodliwe przyzwyczajenia.

Benjamin Franklin

Życie jest przygodą dla odważnych albo niczym.

Helen Keller

*Na temat realizmu*

Kto z was, chcąc zbudować wieżę, nie usiądzie wpierw i nie obliczy wydatków, czy ma na jej wykończenie.

Ew. Łukasza 14:28

Pesymista szuka przeciwności w każdej okazji, optymista widzi okazje w każdej przeciwności.

Winston Churchill

Dajcie mi odpowiednio długą dźwignię i wystarczająco mocną podporę, a sam poruszę cały glob.

Archimedes

# OFERTA WYDAWNICZA
Andrew Moszczynski Group sp. z o.o.

- Andrzej Moszczyński – **Inaczej o poznawaniu siebie** – INSPIRUJĄCY PORADNIK
- Andrzej Moszczyński – **Inaczej o poczuciu własnej wartości** – INSPIRUJĄCY PORADNIK
- Andrzej Moszczyński – **Co potrafi człowiek** – INSPIRUJĄCY PORADNIK
- Andrzej Moszczyński – **Inaczej o szczęściu** – INSPIRUJĄCY PORADNIK

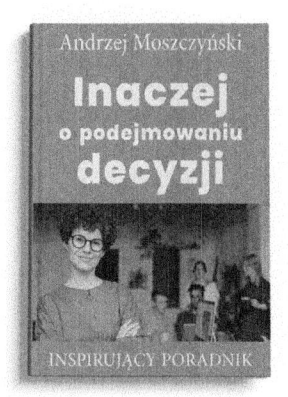

## Andrzej Moszczyński

### Inaczej o wartościach
INSPIRUJĄCY PORADNIK

### Inaczej o pozytywnym myśleniu
INSPIRUJĄCY PORADNIK

### Inaczej o inicjatywie
INSPIRUJĄCY PORADNIK

### Inaczej o miłości
INSPIRUJĄCY PORADNIK

### Inaczej o motywacji
INSPIRUJĄCY PORADNIK

### Inaczej o podejmowaniu decyzji
INSPIRUJĄCY PORADNIK

## Andrzej Moszczyński

- **Inaczej o byciu realistą**
- **Inaczej o priorytetach**
- **Inaczej o byciu wnikliwym**
- **Inaczej o byciu asertywnym**
- **Inaczej o wierze w siebie**
- **Inaczej o umiejętności wyznaczania i osiągania celów**

INSPIRUJĄCY PORADNIK

## Andrzej Moszczyński

### Inaczej o zaufaniu
INSPIRUJĄCY PORADNIK

### Inaczej o planowaniu
INSPIRUJĄCY PORADNIK

### Inaczej o byciu odważnym
INSPIRUJĄCY PORADNIK

### Inaczej o byciu wytrwałym
INSPIRUJĄCY PORADNIK

### Inaczej o uczeniu się
INSPIRUJĄCY PORADNIK

### Inaczej o entuzjazmie
INSPIRUJĄCY PORADNIK